Filosofia para crianças

De criança para crianças

Era uma vez!

Papai do ceu ve tudo

História para colorir!

Por: Bernardo Octaviano Pereira

Este livro pertence a:

Eu dedico essa obra, primeiramente para os meus pais que eu tanto amo, para minhas professoras, para minhas tias de coração e para todos os meus amigos, Deus que abençoe a todos infinitamente!

Bernardo Octaviano Pereira

16/03/2024

@bernardo6883©

Era uma vez, em um lugar não muito longe daqui um homem muito mal, mentiroso, ladrão, assassino,

que tinha acabado de roubar um homem e fugido para o meio do mato para se esconder;

Enquanto se escondia, ele percebeu uma mulher se aproximando,

e a oportunidade de roubo surgiu em sua mente, a rua deserta parecia o cenário perfeito para mais um ato de maldade.

A mulher, sem suspeitar da presença do homem maligno, seguia seu caminho.

No meio do trajeto, um córrego cruzava o caminho da mulher, forçando-a a suspender seu vestido longo para não molhá-lo.

O homem, pronto para agir, aguardava o momento certo. Contudo algo inesperado aconteceu.

Quando a mulher estava no meio do córrego, ela olhou para o céu e, no mesmo instante, soltou seu vestido,

permitindo que ele se molhasse. Intrigado o homem se aproximou e questionou a mulher sobre seu comportamento

Supreendente mente calma, ela explicou. - É que o papai do céu está vendo tudo que fazemos.

Quando olhei para o céu, soube que não podia esconder nada dele, então soltei o vestido imediatamente

Movido pela revelação da mulher, o homem tomou uma decisão surpreendente. Em vez de seguir seu caminho de crimes,

ele escolheu enfrentar as consequências dos seus atos. Decidiu se entregar a polícia, consciente de que não poderia esconder-se do olhar vigilante papai do céu.

FIM